D1707225

LO QUE TUS MANOS
TE QUIEREN DECIR

LO QUE TUS MANOS
TE QUIEREN DECIR

EDICIONES OBELISCO

Si este libro le ha interesado y desea que le mantengamos informado de nuestras publicaciones, escríbanos indicándonos qué temas son de su interés (Astrología, Autoayuda, Ciencias Ocultas, Artes Marciales, Naturismo, Espiritualidad, Tradición...) y gustosamente le complaceremos.

Puede consultar nuestro catálogo en www.edicionesobelisco.com

Colección Libros Singulares
LO QUE TUS MANOS TE QUIEREN DECIR

1.ª edición: abril de 2010

Textos: *Julio Peradejordi*
Revisión: *Francisco Rodríguez*
Maquetación: *Marta Rovira*
Ilustraciones: *Alba Sánchez*
Diseño de cubierta: *Enrique Iborra*

© 2010, Francisco Rodríguez, por el prólogo
© 2010, Ediciones Obelisco, S. L.
(Reservados los derechos para la presente edición)
© Fotolia, por las imágenes de las págs. 30, 33, 60, 64, 65, 67, 69, 73 y 74

Edita: Ediciones Obelisco S. L.
Pere IV, 78 (Edif. Pedro IV) 3.ª planta, 5.ª puerta
08005 Barcelona - España
Tel. 93 309 85 25 - Fax 93 309 85 23
e-mail: info@edicionesobelisco.com

Paracas, 59 C1275AFA Buenos Aires - Argentina
Tel. (541-14) 305 06 33 - Fax: (541-14) 304 78 20

ISBN: 978-84-9777-629-5

Prólogo

¿Por qué la mano?

La lectura de la mano: sí, que largo y duro peregrinar ha tenido que recorrer para mantenerse viva y sana dentro del tumulto de obscenidades esotéricas y tecnológicas que la rodean; sí, desde las primeras huellas que aparecieron pintadas en los muros eternos de las cuevas prehistóricas, pasando por ese famoso libro escrito con letras de oro que encontró Aristóteles en Egipto sobre un altar dedicado a Hermes Trismegisto, el mismo que se obsequió a Carlomagno. No podemos, ni debemos omitir al padre de la medicina, Hipócrates, que encontró que las alteraciones de la forma y el color dentro de las uñas eran la impronta de enfermedades cardiovasculares, y aún hoy en día esa característica sigue siendo conocida como uña hipocrática. Y qué decir de la gran obsesión del César Augusto por leer la mano de sus vasallos para elegir entre ellos a sus altos cargos según sus cualidades encriptadas dentro de su mapa dérmico.

Qué pensar de la existencia de más de las quinientas referencias a la lectura de la mano que aparecen en el Pentateuco o Torá. En el Zohar, o *Libro del Esplendor*, aparece en su volumen doce (*Mishpatim*) un apartado dedicado exclusivamente a la quiromancia.

Y no podemos olvidar ni dejar de lado esos cinco mil años de la tradición china para la lectura de la mano, tan sorprendentemente afín a la lectura europea.

Quizá la gran desconocida, en el mundo occidental, es la procedente de la India, de igual antigüedad que la china, pero a diferencia de ésta, la hindú más dedicada a la salud, presta más atención a los avatares del porvenir y al embrujo por desvelar los misterios que nos aguardan en el futuro.

En América, concretamente en las culturas tolteca, maya y azteca es sabido el gran interés que despertaba en ellos la lectura de las manos; basta con revisar cualquier escultura de dios o humano para percatarse de lo bien definidas que aparecen las líneas principales y montes en ambas manos. Esto no es casualidad, ya que en otras esculturas con el mismo desarrollo artístico y cultural este hecho pasa inadvertido.

La historia de la quiromancia en Europa corre un camino totalmente diferente al resto del mundo. La mayoría de actividades, profesiones y libros que salían de la óptica inquisitorial fueron devorados por la hoguera y desterrados al más profundo olvido y destierro.

Tenemos que esperar hasta finales del siglo XVIII para que la interpretación de la mano comience a levantar el vuelo y retomar los fueros de los que fuera poseedora con otros dioses menos voraces que el impuesto dios cristiano.

Son dignos de mención de este renacer tres nombres propios que auparon a sus cotas más elevadas la nueva quiromancia en Occidente; en Inglaterra, Richard Hamon, más conocido como Cheiro;

la francesa Charlote Wolf, de la alta sociedad parisina de principios del siglo XIX, quien no era nadie si no pasaba por su consulta; y, en Alemania, don Ernesto Issberne Haldane que, como buen alemán, dedicó más de cuarenta años de su vida al estudio de las enfermedades dentro de las palmas de la mano y que es todo un referente hoy en día para el quirodiagnóstico, término que él mismo acuñó.

Y por qué las manos: ¿sabía usted que se dibujan por impulso cerebral nervioso y que en las palmas hay más terminaciones nerviosas que en toda la espalda, que es la única parte del cuerpo que sólo tiene una capa de dermis y que las palmas no envejecen? ¿Sabía que si pierde una mano, en el muñón vuelven a dibujarse las líneas principales y que la huella dactilar sigue siendo el medio más eficaz para la identificación personal? ¿Sabía que si cambia su vida, tanto por un impulso intuitivo, como por uno racional, sus líneas en las manos también cambian?

Pero lo más sorprendente, y esto cambiará totalmente su visión sobre la credibilidad de la lectura de las manos, radica en el hecho de que una persona que ha perdido sus dos manos y le son implantadas las de un cadáver, en el momento en que esas nuevas manos son aceptadas, las líneas originales desaparecen para dar cabida a las de su nuevo propietario. Sí, en el momento en que las manos comienzan a ser aceptadas, la transformación hace aparecer una nueva conformación de líneas hasta dibujar unos montes y líneas que corresponden a su nuevo poseedor, haciendo desaparecer a las de su dueño original; sorprendente, ¿verdad? El primer sitio donde aparecen estos cambios es en los dibujos procedentes de los encefalogramas; la zona del cerebro que controla esa área de la mano comienza a expandirse hasta ocupar la totalidad de su espacio original.

En este momento, las manos ya se han integrado totalmente a su nuevo propietario.

Podría afirmar, y sin temor a equivocarme, que las tradiciones más fieles a su tradición vernácula son las que mantienen intacto y totalmente vivo y actual el arte de interpretar la mano, ya que han sabido adaptarse a la tradición ancestral y a los avances que nos han permitido, entre otras cosas, elevar el rango de vida en Europa un trescientos por ciento. Sí, ha leído bien, un trescientos por ciento.

Este pequeño libro le permitirá adentrarse en la lectura de la mano moderna, dejando de lado esa lectura tradicional y fatalista que estaba regida por la culpabilidad y el pecado.

Todo está escrito es sus manos, por tanto, todo se puede cambiar. Usted decide, todo depende de su voluntad y de querer rectificar aquello que le está impidiendo encontrase con su raíz, con su yo auténtico, y sus manos guardan el secreto que le permitirán el cambio para adentrarse en una nueva vida.

FRANCISCO RODRÍGUEZ
(autor de *El arte de interpretar la mano*)
Otoño 2009

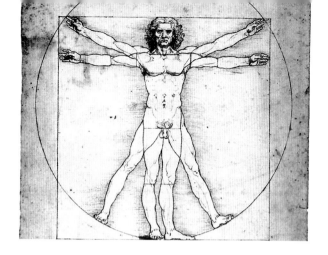

La mano y sus símbolos

Si, como afirma la filosofía hermética, el hombre es un mundo en miniatura, un microcosmos, la mano es un hombre en miniatura. Sin duda, junto con el cerebro, del cual no podemos separarla, pues sus funciones están estrechamente unidas, es el más humano de los miembros.

Sirve para dar y para recibir, para pedir y para compartir. La mano se utiliza para acercar y para alejar, para reclamar y para rechazar. La empleamos para escribir, pero también puede ser leída como un libro, un libro que habla del alma. Nuestra historia, nuestros sueños y nuestros miedos están escritos en las manos que, como el holograma, contienen información de la totalidad de nuestro ser. Por eso se ha descrito el arte de interpretar la mano como una radiografía del alma.

La mano, con sus cinco dedos, es un magnífico símbolo del hombre, compuesto por cuatro extremidades más la cabeza. Los antiguos chinos relacionaban el dedo pulgar con la cabeza y, efectivamente,

este dedo representa la personalidad y tiene que ver con la fuerza de voluntad y la capacidad de razonamiento.

Como descubriremos con este pequeño libro, la mano es un símbolo poblado, a su vez, de símbolos. Encontramos manos como símbolo de poder en los muros de las cavernas prehistóricas; multitud de amuletos, en todas las civilizaciones, tiene forma de mano.

Los antiguos egipcios relacionaban la mano con las columnas y los pilares, o sea, los sostenes del templo. En su sistema jeroglífico, la mano expresaba la idea de acción y de entrega. Para los hebreos la palabra que quiere decir «mano» también significa «monumento» e indica la idea de mando y de fuerza.

La mano colocada en el pecho evocaba para los antiguos, la sabiduría, y el hecho de que tenga cinco dedos aludía, como ya hemos visto, a la figura humana.

Las manos y el destino

En *Las mil y una noches* aparece la idea de que «el hombre lleva el destino atado a su cuello», pero, para el común de los mortales, el destino estaría escrito en las manos. La idea popular de que en las manos se puede leer el futuro de una persona es errónea, pero no al cien por cien. Es errónea porque el destino no es algo fijo, inamovible, que traemos escrito, sino algo que estamos escribiendo continuamente. Como nos enseña la sabiduría esotérica, un destino es la proyección de un carácter. Nuestro destino cambia a medida que nosotros cambiamos y, como han observado los quirólogos, también cambian las líneas de la mano.

Aun así, un lector de manos experimentado y, sobre todo, intuitivo, puede llegar a «adivinar» algunas cosas del futuro. Su subconsciente está deduciéndolas a partir de las informaciones de que dispone.

Las manos no son un espejo que nos refleja fielmente un carácter o un destino, son más bien un libro que hay que aprender primero a leer y luego a entender para poder sacar nuestras propias conclusiones.

Mano derecha y mano izquierda

L as dos manos no pueden ser interpretadas por separado. Forman un todo y se complementan. La mano derecha corresponde a lo consciente, a lo racional y a lo lógico, mientras que la izquierda se asocia a lo inconsciente y lo irracional. Ello ha llevado a interpretar las palabras de Jesús que decían «que tu mano derecha no sepa lo que hace tu mano izquierda» como que no conviene hurgar demasiado en los asuntos del inconsciente. Sin embargo, el inconsciente, el alma, lo irracional o suprarracional tienen mucha más importancia de lo que creemos. Actuar «con mano izquierda» no es hacerlo irracionalmente, sino con una visión, un *savoir faire*, que está por encima de lo convencional y lo lógico.

La mano izquierda, pues, puede relacionarse con el acervo inconsciente que todos llevamos, con nuestro pasado, con el karma que trajimos en esta encarnación, mientras que la derecha tiene que ver con lo que hacemos con ello. Sin embargo, esta generalización no debe aceptarse al cien por cien, ya que es obvio que todos nacemos con líneas en las dos manos. Si se tratara de una verdad inamovible, las líneas de la mano izquierda nunca cambiarían y las de la derecha sí, algo que en la realidad no ocurre.

Con todo, la mano derecha indica cómo elaboramos o despreciamos nuestros sueños.

Si en la mano izquierda se encuentran reflejadas las potencialidades, las cualidades y capacidades que, como un tesoro, nos trajimos de otras vidas, en la derecha nos encontraremos con cómo hemos invertido ese tesoro y qué hemos obtenido a partir de él.

Los tipos de manos

Existen distintos, innumerables, tipos de manos. Para efectos prácticos consideraremos únicamente cinco categorías que, de algún modo, los engloban:

- las pequeñas,
- las grandes,
- las cuadradas,
- las alargadas
- las cónicas.

Las manos pequeñas suelen corresponder a gente delicada, sensible y mental, mientras que las manos grandes corresponden a gente tranquila. Las grandes corresponden a «gente de la tierra»; esencialmente con un carácter muy práctico. Las manos cuadradas se encuentran en personas equilibradas y las alargadas en personas con una buena capacidad de abstracción: artistas, músicos, etc. Finalmente, las manos cónicas suelen verse en gente que sabe disfrutar tanto de los placeres mundanos como de los intelectuales.

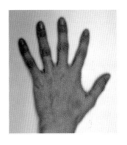

La mano pequeña

Una mano pequeña es aquella que en relación con el cuerpo y la cara tiene un tamaño menor de lo que sería normal.

Suele corresponder a personas espontáneas y naturales con una buena empatía.

La mano grande

La mano grande es aquella que en relación con el cuerpo y la cara tiene un tamaño mayor de lo que sería normal. Suele corresponder a personas tranquilas y pausadas que, a pesar de tener su carácter, no suelen encolerizarse con facilidad.

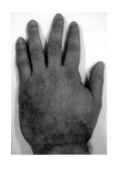

La mano cuadrada

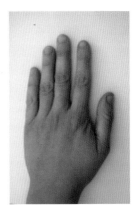

Cuando la mano es cuadrada, nos está informando de que nos hallamos ante una persona práctica con un buen equilibrio cuerpo-mente.

Cuando una mano cuadrada tiene una especie de ventana saliente, se trata entonces de alguien muy creativo. Si el ancho de la palma es mayor que la distancia entre la muñeca y el extremo del dedo medio, nos hallamos ante alguien impaciente.

La mano alargada

Este tipo de mano, que suele encontrarse más en las ciudades que en el campo indica capacidad de abstracción que puede manifestarse en distintos campos: profesional, artístico, etc.

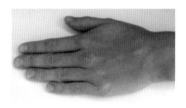

Suele tratarse de gente muy perceptiva y delicada. Intuitivos, suelen tener premoniciones que no fallan.

La mano cónica

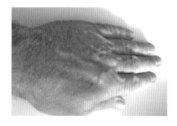

La base de la mano cónica es ancha, pero va estrechándose a medida que se acerca a los dedos. Suele indicar que nos hallamos ante alguien a quien le gusta disfrutar de la vida, alguien con gustos de sibarita.

Los dedos y su significado

Los dedos, sus formas, su longitud, rectitud o encorvamiento, forma de las puntas, etc., nos proporcionan mucha información acerca de la mano.

Cuando los dedos son cortos, nos hallamos ante gente práctica, que «va al grano» y que no se complica demasiado la vida. Las manos de dedos largos nos indican que nos hallamos ante gente más compleja, que cuida de los detalles y a quien le gusta la exactitud.

Tenemos cuatro categorías de puntas de los dedos:

1. **Puntiguda:** corresponde a gente inteligente y comunicativa. Ideal para intelectuales, ya que predispone a aprender rápidamente y a captar con facilidad la esencia de lo que se lee o escucha.
2. **Cónica:** Corresponde a gente muy receptiva.
3. **Cuadrada:** corresponde a gente práctica y cuidadosa. Es gente determinada, con sentido de la justicia.

4. **Espatulada:** corresponde a gente sensible a la que le gustan los trabajos manuales.

El pulgar o dedo de Venus

Se ha dicho que el dedo pulgar es la clave de la conducta. También está relacionado con la vida y con la autoafirmación. En la antigua Roma, cuando un gladiador vencía a otro, dirigía su mirada al palco. Si el César extendía su brazo y colocaba su pulgar dentro de la otra mano, como quien envaina una espada,  el vencedor debía dejar caer sus armas y perdonar al vencido.

Por el contrario, si el César colocaba su pulgar hacia arriba, el vencedor debía rematar al vencido. Pero la psicología nos ofrece una interpretación radicalmente opuesta. Para el célebre psiquiatra George Groddeck, el pulgar se relaciona con el miembro viril: «Levantar el pulgar significa vida; es la erección del miembro».

El pulgar es el que nos permite utilizar cualquier tipo de instrumento que, en cierto modo, no es sino una prolongación de la mano.

Las personas que tienen los pulgares cuadrados tienen un gran sentido de la justicia; aquellas que los tienen en forma de espátula están dotadas para los trabajos manuales. Los pulgares en forma de porra reciben el nombre de «pulgar del asesino». Si bien las estadísticas tienden a confirmarlo, este tipo de pulgares no deben ser interpretados tan literalmente. En muchas ocasiones se trata simplemente de gente que se sabe defender, aunque sólo sea verbalmente. Puede tratarse de personas a las que les guste polemizar e incluso ridiculizar a los demás, pero no ser forzosamente asesinos. En cualquier caso, se trata de gente muy exigente consigo misma.

Cuando el pulgar se encuentra alineado con los dedos y pueden verse todas las uñas, los deseos imperan sobre la voluntad. En el caso contrario, cuando el pulgar se opone a los dedos, la persona tendrá una gran fuerza de voluntad y un gran autocontrol que someterán a los deseos.

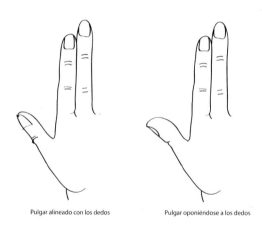

Pulgar alineado con los dedos   Pulgar oponiéndose a los dedos

El dedo índice o de Júpiter

Este dedo es característico del ser humano. Sin duda, es el que corresponde a su estatus espiritual y recuerda al dedo de Dios creando al hombre de la Capilla Sixtina. Nos habla del yo y de nuestra capacidad de destacarnos de los demás, de señalarlos. La quiromancia clásica lo relaciona con el dios Júpiter, que corresponde a la capacidad de expansión.

Si este dedo es más largo de lo normal, nos está indicando que nos hallamos ante alguien autoritario. Si es exagerado, se puede tratar de un verdadero tirano. Si, por el contrario, es corto podemos hallarnos ante alguien con cierto complejo de inferioridad. Cuando la falange de la uña de este dedo es muy larga podemos encontrarnos ante alguien con una gran vida espiritual, incluso ante un sacerdote. Que este dedo sea recto es un excelente presagio de que nos hallamos ante una persona con una moral y una ética desarrolladas.

El dedo medio o de Saturno

Puede considerarse el dedo medio como el apoyo de la mano, por lo cual nos informará sobre qué se apoya la vida de la persona. Tiene que ver con el sentido de propiedad, el de responsabilidad y también con la profesión. La quiromancia clásica lo relaciona con el dios Saturno, que corresponde a la capacidad de contracción.

Cuando este dedo es particularmente corto, nos indica que nos hallamos ante una persona irresponsable y bohemia. Excesivamente largo nos lleva al otro extremo: puede tratarse de alguien asocial o que se considera por encima de los demás, alguien *snob*.

El dedo anular o de Apolo o del Sol

El dedo anular estaba relacionado en la quiromancia clásica con el dios Apolo. Cuando es más largo o igual que el dedo anular, nos hallamos ante un jugador, alguien que ama el riesgo. Un dedo anular particularmente corto nos indica que estamos ante alguien con poca sensibilidad  para lo cultural y lo artístico. Se trata de alguien que ama la comodidad y que no se complica excesivamente la vida. Si su punta es espatulada, podemos hallarnos ante un excelente artesano.

El dedo meñique o de Mercurio

Este dedo se relaciona con lo mental y nos informa sobre las habilidades cognitivas y comunicativas de la persona.

La quiromancia clásica lo relaciona con el dios Mercurio, que corresponde a la capacidad de relacionarse. Cuando este dedo es recto nos encontramos ante  alguien que se relaciona de un modo recto y equilibrado.

Cuando al abrir las manos este dedo se separa más que los demás, nos está indicando que nos hallamos ante alguien con un gran sentido de la justicia, muy independiente y que sabrá luchar para que sus sueños se realicen.

Manos flexibles y manos rígidas

La flexibilidad de unas manos la podemos ver en las articulaciones o en los nudillos. En el primer caso, nos está hablando de cuestiones mentales y espirituales, mientras que en el segundo se refiere más bien a cuestiones materiales. Unas manos flexibles nos informan de que nos hallamos ante alguien dúctil y flexible, mientras que unas manos inflexibles suelen corresponder a alguien rígido e intolerante.

Las manos son un punto de terminación de los impulsos cerebrales. Aquello que vivimos y, sobre todo, cómo lo interpretamos queda reflejado en nuestro cerebro y, por ende, en nuestras manos.

Cuando unas manos son rígidas, nos revelan que nos hallamos ante alguien sedentario y comodón. Probablemente esta persona tenga miedo al cambio y prefiera «lo malo conocido a lo bueno por conocer». A este tipo de personas les cuesta aceptar las opiniones de los demás cuando difieren de las suyas. Son reservados y recelan de otras personas, por lo que no acostumbran a compartir sus opiniones ni a explicar sus problemas. Unas manos flexibles indican una mentalidad adaptable y entusiasta. Podemos hallarnos también ante un soñador o un idealista. La principal característica de aquellos que tienen unas manos flexibles es su capacidad de adaptación.

Son capaces de abrirse a los demás y a las nuevas ideas. Se trata de gente poco predecible, a veces muy original, a la que le gusta compartir con sus amigos. Puede ser, si otros detalles de la mano lo confirman, gente muy social y generosa.

Las uñas y su significado

L as uñas han desempeñado un papel muy importante en la interpretación de las manos, pero a raíz de los trabajos de Henri Mangin han sido objeto de un estudio más científico. Para los libros místicos de la Cábala, las uñas y, sobre todo, la suciedad que pueden albergar se relacionan con el diablo.

Lo primero que observamos con las uñas es que participan del mundo interior y del mundo exterior, ya que están en la piel e incluso en la carne del dedo. En su *Étude Clinique et psychologique des ongles*, Henri Mangin relaciona las uñas con el sistema glandular y nos explica que nos aportan muchos datos relativos a la salud. El color de las uñas nos brinda indicaciones sobre si nos hallamos ante alguien de «sangre

caliente» cuando son rojizas, o, por el contrario, ante alguien frío y controlado cuando son blanquecinas.

Las uñas cuadradas corresponden a alguien a quien le cuesta enfadarse, pero que después de hacerlo puede sentirse muy mal. Si se trata de una uña pequeña, indica estrechez de miras, frialdad y fanatismo religioso.

Unas uñas estrechas y alargadas indican control de la vitalidad.

Las uñas en forma de cono corresponden a un sistema arterial pobre, lo cual puede propiciar mala salud. Estas personas pueden tener también problemas psicológicos o neurológicos.

Las uñas en forma de almendra corresponden a una naturaleza soñadora, sensitiva y refinada. Tienen un gran sentido de la estética.

Las uñas estrechas indican mala salud, y las uñas en forma de garras pueden corresponder a personas aparentemente encantadoras, pero que en el fondo son verdaderas aves de rapiña. Calculadoras e interesadas, no dudan que el fin justifica los medios.

Cuando las uñas tienen forma de concha, nos revelan un sistema nervioso muy sensitivo. Puede tratarse de personas que hacen cosas sin pensarlas y que además aciertan.

Cuando las uñas tienen forma de plato, suelen indicar cierto desequilibrio mineral. Puede tratarse de personas con adicciones. Para Mangin podrían indicar alcoholismo.

Cuando detectamos puntitos blancos en las uñas, están señalando falta de calcio.

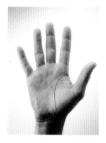

LECTURA DEL
MENSAJE DE
LAS MANOS

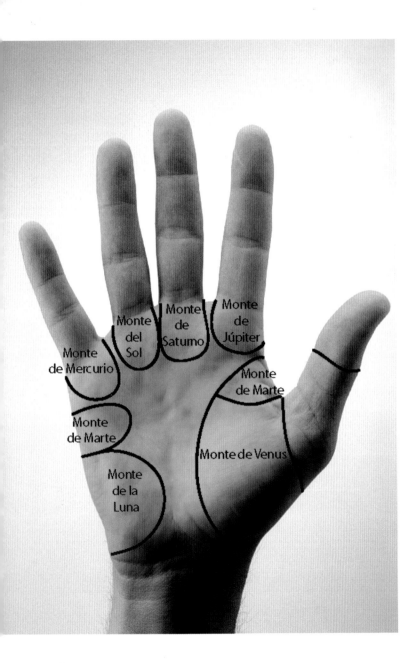

Los montes y su significado

L a quiromancia clásica ha utilizado los nombres y el simbolismo de los dioses griegos para describir el mapa de la mano. Como si de un terreno se tratase, nos habla de «montes», que reciben su nombre de los dioses. Éstos son como condensadores de energía, como pequeñas almohadillas que nos revelarán muchas cosas sobre nuestras fuerzas y debilidades tanto a nivel físico como emocional.

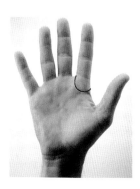

El monte de Júpiter

Es uno de los signos más importantes que nos proporciona la mano para hacer averiguaciones acerca del carácter y la conducta del individuo. Un anillo de varias líneas debajo del dedo índice es signo de sabiduría. Cuando se trata de un cuadrado, recibe el nombre de Cuadrado del Profesor. Si tiene forma triangular, otorga cualidades diplomáticas.

Si se encuentra alineado con el centro del dedo, es indicador de moralidad e integridad. Cuando no está alineado y lo encontramos más bien hacia el dedo segundo, nos habla de una persona con gran sentido práctico. Cuando se dirige hacia el pulgar, sugiere ineptitud e irresponsabilidad.

El monte de Saturno

Está relacionado con los valores y con las propiedades. Si lo encontramos desplazado hacia el dedo anular puede tratarse de una persona malgastadora. Está particularmente desarrollado en gente tímida y taciturna.

El monte de Apolo o del Sol

Situado debajo del dedo anular, se relaciona con el sentido estético y con la buena suerte. Está particularmente desarrollado en los artistas.

El monte de Mercurio

Situado debajo del dedo meñique, cuanto más desarrollado está, mejor se expresará, preferentemente oralmente y por escrito, la persona. Se relaciona con la capacidad de comunicarse.

El monte de Venus

Se halla situado en la base del pulgar, y expresa la capacidad de gozar del mero hecho de estar vivo. Tradicionalmente se relaciona con el amor y la sexualidad, pero también corresponde a las aptitudes artísticas. Muy desarrollado, corresponde a personas pasionales e intensas. Débil, puede correponder tanto a personas flemáticas y frías como a gente débil y enfermiza.

El monte de la Luna

Comienza desde la muñeca y nos informa acerca de las cuestiones atávicas y ancestrales heredadas por el individuo, así como de su niñez. Las personas que tienen muy desarrollado el monte de la Luna, son particularmente sensibles a los ambientes y a los matices. A menudo son inventores o innovadores que no ven recompensados sus esfuerzos. También pueden ser escritores sin éxito plagiados por otros.

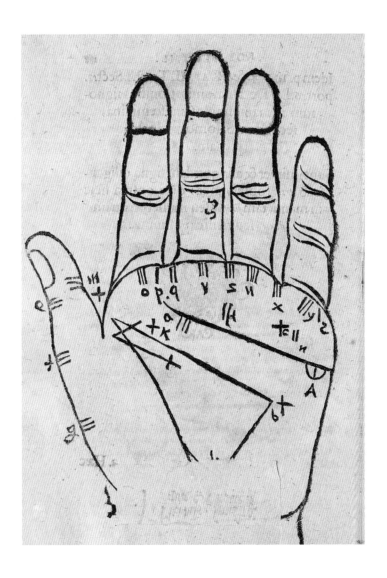

Las líneas y su significado

Después de lo que acabamos de ver, resulta obvio que una lectura de manos es mucho más que la mera lectura de sus líneas; aun así, éstas nos proporcionarán muchísima información acerca de la mano que estamos leyendo.

Tradicionalmente se ha considerado que el estudio de la forma de la mano y de sus líneas nos ayuda a descubrir las características psicológicas de la persona y su posible destino. La forma afecta a cuestiones generales, mientras que las líneas se refieren a rasgos más particulares. La presencia, profundidad y longitud de cada línea proporcionan numerosos datos acerca del carácter y del destino.

Las líneas de las manos cambian si nosotros lo hacemos, lo cual nos enseña que la frase «el destino está escrito en nuestras manos» tiene un sentido.

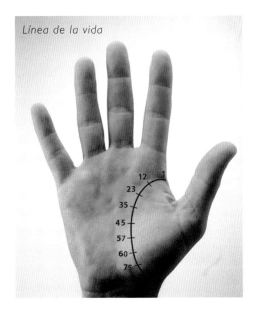

Línea de la vida

La línea de la vida

La quiromancia clásica utilizaba la línea de la vida para determinar los años que viviría su poseedor; sin embargo, los mayores especialistas sostienen que la línea de la vida no revela su duración. Esta línea está fuertemente asociada con el monte de Venus, y se refiere más bien a nuestra capacidad de gozar de la vida.

Una línea de la vida fina indica escasa vitalidad. Cuando esta línea se rompe, podemos hallarnos ante una operación quirúrgica o un accidente grave.

Si una persona tiene una línea de la vida muy accidentada con muchas islas o interrupciones tendrá muchas preocupaciones.

Cuando la línea de la vida se dirige al monte de la Luna, indica indecisión y carácter cambiante.

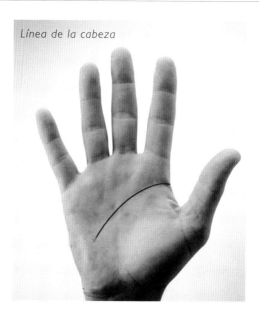

Línea de la cabeza

La línea de la cabeza

La línea de la cabeza revela la cantidad de energía disponible y la dirección de ésta. Si es clara y larga, indica que nos hallamos ante alguien creativo y original, y si es corta indica que a la persona sólo le interesan las cosas de este mundo. Esta línea nos informa, además, si el que la tiene funciona guiado por la lógica y el raciocinio o si, por el contrario, lo hace con la imaginación y la fantasía.

Cuando la línea de la cabeza está muy separada de la línea de la vida indica una persona con ideas propias y muy independiente, impulsiva y vehemente. Cuando la línea de la cabeza y la línea de la vida no se separan hasta una altura que se halla entre el dedo índice y el dedo corazón, nos encontramos ante alguien en quien sobresale lo emocional.

Muy sensibles, suelen ser buenas personas que evitan hacer daño a los demás. Una línea de la cabeza oscilante corresponde a una persona algo vanidosa, muy preocupada por el «qué dirán».

Cuando la línea de la cabeza parte de la línea de la vida indica hipersensibilidad, emotividad y cierta susceptibilidad. Si nacen juntas indica gran sensibilidad.

Cuando la línea de la cabeza se une con la del corazón forma lo que se conoce como «línea símica». Esta línea se da en personas muy primitivas, pero también en aquellas que saben concentrar al máximo sus energías en un único objetivo. Pueden ser grandes artistas (como el caso de Pablo Picasso) e incluso personas clarividentes o poseedoras de poderes paranormales.

La línea del corazón

Línea del corazón

Una línea del corazón larga y profunda es indicio de entusiasmo y capacidad de amar. Si llega hasta el monte de Júpiter indica generosidad. Si se eleva hasta el punto entre los dedos índice y medio, puede corresponder a personas necesitadas de afecto. Cuando se une con la línea de la cabeza indica amabilidad, pero también capacidad de concentrar todas las energías en un único objetivo.

Si la línea del corazón es particularmente corta, indica dificultades para amar debidas, sin duda, a cierto complejo de superioridad. Más que amar, la persona siente cierta complacencia por el prójimo. Cuando en una mano esta línea no aparece o es muy corta y fina, indica inestabilidad emocional toda la vida. Si está unida a la de la cabeza hay un control férreo de las emociones.

La línea del destino o de Saturno

Línea del destino o de Saturno

La denominada «línea del destino» corresponde a lo que en astrología sería la Casa X, la casa de la carrera, de la profesión.

Suele destacar en personas que tienen un trabajo vocacional o que para ellas tiene sentido. Cuando una persona carece de esta línea, indica que tendrá que trabajar muy duro para triunfar y que aun así no es seguro que lo consiga.

Si parte de la línea de la vida, nos informa de que la persona solamente podrá contar consigo mismo. Si lo hace del puño y es nítida y profunda, suele indicar buena suerte.

Cuando parte del monte de la Luna, existe inclinación hacia un trabajo independiente. Si parte de la línea del corazón indica que las emociones afectarán negativamente al éxito profesional.

La línea del Sol

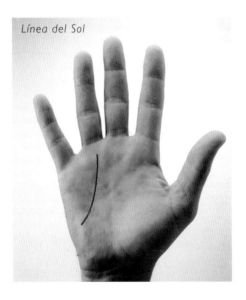

Línea del Sol

Esta línea se inicia en cualquier lugar de la palma y se dirige al Monte de Apolo.

Cuando se encuentra por encima de la línea del corazón, la persona puede alcanzar el éxito a base de esfuerzo y trabajo. Si ésta es triple y se encuentra por encima de las del corazón, nos indica que la persona tiene una protección económica que le salva, a veces *in extremis*, de las situaciones más delicadas.

Cuando esta línea parte del puño y alcanza el dedo anular, indica un gran éxito y buena suerte. Cuando lo hace del monte de la Luna, el éxito puede darse en una actividad artística. Si es desde la línea del corazón, el éxito será tardío.

La línea de Mercurio

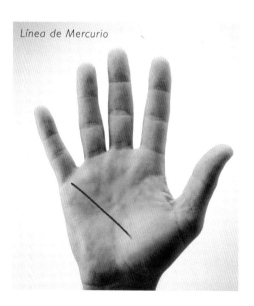

Línea de Mercurio

Tradicionalmente se atribuía a la existencia de esta línea una gran intuición. Actualmente se considera que esta línea nos arroja información sobre el subconsciente. Ambas ideas no se contradicen. Aquel que la tiene muy desarrollada estará en contacto con su inconsciente tanto a través de los sueños como de las corazonadas y las intuiciones. Si se cruza con la línea del destino, nos informa sobre cierto olfato especial para los negocios.

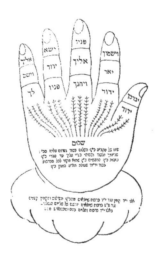

Los signos y su significado

L as manos nos presentan distintos signos, como cruces, estrellas, cuadrados, triángulos, círculos o rejillas, cuya interpretación varía dependiendo de dónde estén situados.

Las cruces

Los autores clásicos no son nada optimistas en lo que respecta a las cruces y nos dicen que siempre son perjudiciales. No es del todo así.

Una cruz en el monte de Júpiter indica éxito, aunque a veces haya dificultades para alcanzarlo. Es una buena señal a nivel afectivo. Una única cruz marcará una tendencia, mientras que varias la acentuarán.

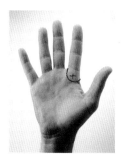

Una cruz en el monte de Apolo nos indicará cierto apocamiento y falta de iniciativa, aunque a veces la encontramos en personas exitosas. Todo depende del resto de líneas y signos.

Una cruz en el monte de Mercurio nos indica que la persona puede ser alguien deshonesto o particularmente ingenuo.

Puede ser víctima de engaños o estafas por parte de gente desaprensiva.

Una cruz en el monte de Venus evoca una vida emocional intensa; la persona es capaz de vivir grandes amores. Su empatía y su capacidad de entrega hacen de él alguien fácil de querer.

Una cruz en el monte de la Luna sugiere gran sensibilidad; la persona puede llegar a ser incluso bastante susceptible.

Las estrellas

Una estrella en el monte de Júpiter indica altos honores y fortuna. La persona logra lo que se propone gracias a apoyos importantes. Cuando nos encontramos con varias estrellas, estas características se ven potenciadas.

Una estrella en el monte de Apolo es signo de buena suerte y estabilidad económica. Para la quiromancia clásica constituía un augurio muy bueno.

Una estrella en el monte de Mercurio es, tradicionalmente, signo de buena suerte. Se encuentra en personas ingenuas que parecen estar protegidas por el destino.

Una estrella en el monte de Venus suele estar en personas que tienen gran atractivo personal y que triunfan en el amor. Saben explotar sus encantos naturales y sacan partido a sus relaciones.

Una estrella en el monte de la Luna puede darse en personas depresivas y extremadamente impresionables. Demasiado centradas en sí mismas, deberían intentar hacer cosas por los demás.

Los cuadrados

Un cuadrado en el monte de Júpiter es una protección en los accidentes. Varios cuadrados suelen indicar buena suerte y protección en general en todos los ámbitos de la vida.

Un cuadrado en el monte de Apolo es signo de buena suerte y confiere habilidades artísticas. Si hay varios cuadrados es posible que el sujeto destaque en el mundo del arte.

Un cuadrado en el monte de Mercurio favorece el pensamiento práctico y ayuda a usar la razón a la hora de tomar decisiones. La capacidad de reflexionar antes de actuar está muy desarrollada.

Un cuadrado en el monte de Venus favorece la salud y la capacidad de recuperación; el sujeto tendrá suerte en su vida afectiva. Los amores no serán algo platónico o irreal, sino algo muy concreto y carnal.

Un cuadrado en el monte de la Luna se suele interpretar como una protección a nivel emocional. El sujeto es alguien sensible pero equilibrado, emocional pero con una buena capacidad de control de sus emociones.

Los triángulos

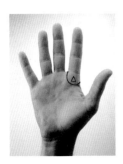

Un triángulo en el monte de Júpiter es signo de éxito y otorga cualidades para la diplomacia. El sujeto es alguien afable y conciliador capaz de escuchar a la gente y de aconsejarlos con lucidez y sentido común.

Un triángulo en el monte de Apolo es signo de buena suerte. Si aparecen varios nos encontramos ante alguien que sabe aprovechar las oportunidades que le brinda la vida. Los reveses se convertirán en ocasiones para aprender y los fracasos en futuros éxitos.

Un triángulo en el monte de Mercurio es signo de buena suerte y otorga dones artísticos en general. Si hay varios, sobre todo en la mano izquierda, nos hallamos ante alguien con dotes naturales para la música, la pintura o la literatura.

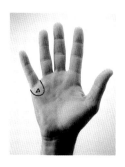

Un triángulo en el monte de Venus es una buena ayuda en el plano físico, aunque también influye benéficamente a nivel psíquico-emocional. Nos hallamos ante alguien equilibrado y estable capaz de disfrutar de los placeres sanos de la vida.

Un triángulo en el monte de la Luna se suele interpretar como una protección a nivel emocional. El sujeto es receptivo y sensible pero también equilibrado. Su vida afectiva es estable y puede confiar en sus intuiciones.

Los círculos

Un círculo en el monte de Júpiter es signo de éxito poco frecuente, sobre todo si va apoyado por otros indicadores. Generalmente éste es más facil si depende de uno mismo, ya que los demás pueden afectarle negativamente.

Un círculo en el monte de Apolo es signo de buena suerte. Su poseedor triunfará en lo que emprenda y controle él mismo. No se sentirá un juguete del destino, sino alguien que con esfuerzo y tesón puede conducirlo.

Un círculo en el monte de Mercurio favorece la vida artística e indica éxito en todo lo relacionado con el arte. Nos hallamos ante alguien sensible, rápido, locuaz, con una buena capacidad de comunicación.

Un círculo en el monte de Venus suele darse en personas muy bellas físicamente y en grandes seductores. Puede tratarse de alguien dotado para el arte o de alguien que sabe apreciar las manifestaciones artísticas: música, pintura, literatura.

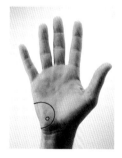

Un círculo en el monte de la Luna indica que el éxito depende de la sensibilidad de la persona. Nos hallamos ante alguien muy sensible y emocional. Si aprovecha estas características puede destacar en numerosas áreas.

Las rejillas

Una rejilla en el monte de Júpiter es signo de egoísmo y poco sentido de la realidad. El sujeto «va a su bola» y vive en un mundo artificial que él mismo se ha creado. A veces se sentirá incomprendido, pero es que él hace poco para que lo comprendan y acepten.

Una rejilla en el monte de Apolo es signo de buena suerte, aunque a veces hay que enfrentarse a serias dificultades. Ha de vigilar con quién establece asociaciones, ya que le pueden estafar.

Una rejilla en el monte de Mercurio otorga un sexto sentido para no dejarse engañar. El sujeto es alguien inteligente, rápido y simpático, con gran necesidad de comunicar. A veces puede darse en personas que hablan mucho y de un modo confuso.

Una rejilla en el monte de Venus provoca falta de claridad e indecisión a nivel emocional. Suele encontrarse en personas orgullosas y pedantes, víctimas de su propio egoísmo. Vida emocional complicada.

Una rejilla en el monte de la Luna confiere una sensibilidad enfermiza. El sujeto puede ser un enfermo imaginario, un depresivo o alguien sumamente inestable a nivel psíquico. Vivirá su vida muy subjetivamente, como si fuera una pesadilla, aunque en realidad no sea así.

Línea de la vida

Esta línea puede nacer en el monte de Júpiter, lo cual es indicio de un excelente autocontrol, o en el monte de Venus, donde indicaría lo contrario: dificultades para controlarse e inseguridad. Una línea de la vida profunda y larga es una excelente señal en cuanto a la vitalidad, la fuerza de voluntad y la constitución física de la persona. Si es débil, la voluntad y la vitalidad se ven disminuidas.

Muchos autores sostienen que en la línea de la vida se pueden ver los años que va a vivir una persona. No es del todo exacto, ya que esta línea indica sobre todo la calidad de vida y no la cantidad. Con todo, si la dividimos podemos tener una indicación de los años que va a vivir el sujeto. Se suele considerar que el medio de esta línea corresponde más o menos a la edad de 30 años, pero es mucho más prudente interpretarlo como «en la mitad de la vida».

Cuando hay ondulaciones en la línea de la vida nos hallamos ante alguien con una buena vitalidad, pero inquieto e inestable. Ello le impide muchas veces alcanzar sus objetivos o realizar sus sueños.

Cuando la línea de la vida comienza débil, con cruces o rejillas, pero después se vuelve lisa, nos hallamos ante alguien con una infancia difícil, posiblemente a raíz de una enfermedad, que con el paso del tiempo se va recuperando. Una vida ordenada, sensata y una buena autodisciplina serán imprescindibles para lograrlo.

Si toda la línea de la vida es discontinua, y tiene cruces o rejillas, nos indica que el sujeto es alguien inseguro e inestable, con unos nervios débiles. Se trata de la típica persona problemática o que se pasa la vida encadenando enfermedades.

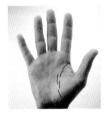

Una línea de la vida muy accidentada, con continuos cortes, suele corresponder a personas desequilibradas y depresivas. Con todo, si otras señales nos lo confirman, podemos decir que con el tiempo y esfuerzo, siguiendo una buena terapia, pueden llevar una vida normal. También puede indicar operaciones o accidentes.

Cuando en la línea de la vida aparecen islas, indica que el sujeto atraviesa momentos de su vida con un descenso de la vitalidad y las ganas de vivir, pero que se acaba recuperando.

A veces parece que haya dos líneas de la

vida lo cual podría indicar que el sujeto tiene una intensa vida espiritual, además de la material; en cualquier caso, se trata siempre de una protección que lo acompañará durante prácticamente toda su vida, y se denomina línea de Marte.

Cuando la línea de la vida se encuentra atravesada por multitud de pequeñas rayitas, la vitalidad del sujeto se verá afectada constantemente por pequeños problemas de salud y su vida sufrirá constantes contratiempos.

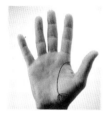

Cuando la línea de la lvida acaba bifurcándose al final o aparece una pequeña escobilla, nos indica que, al final de la vida, el sujeto ha de padecer numerosas preocupaciones por motivos de salud u otros. Suele darse en personas de edad avanzada que no consiguen vivir su vejez con placidez o que ven con pesar cómo su vitalidad está mermando.

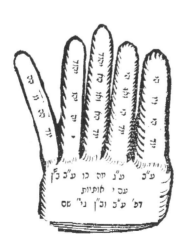

Línea del destino

L a línea del destino, también conocida como línea de Saturno o del éxito, suele nacer cerca de la muñeca y se dirige hacia arriba, hacia el dedo medio.

Si la línea de la cabeza es muy corta, al sujeto le cuesta materializar sus objetivos, ya sea por inseguridad o por indecisión, y comienza cosas que no acaba.

Cuando la línea del destino nace en la línea de la vida, señala que el sujeto tuvo una infancia dura en la que se le exigió mucho. A base de esfuerzo y autosuperación puede alcanzar grandes cotas de éxito.

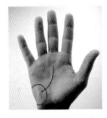

Si esta línea parte del monte de la Luna, nos está indicando que nos hallamos ante alguien romántico y soñador, que también puede ser un auténtico aventurero. A lo largo de su vida habrá muchos cambios y los éxitos que vaya alcanzando no lograrán satisfacerle.

Cuando esta línea es nítida y atraviesa perfectamente las barreras formadas por la línea de la cabeza y la línea del corazón, nos encontramos ante alguien que tendrá muy pocos problemas en la vida, suele alcanzar sus metas y triunfar en todo lo que emprenda.

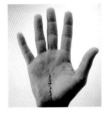

Si está rota, sufre interrupciones o presenta numerosas islas, indica que el sujeto se tendrá que enfrentar a bastantes dificultades para alcanzar sus objetivos, algo que no siempre logrará. Su vida puede ser complicada y tortuosa. Una ruptura en esta línea también puede corresponder a un cambio brusco de trabajo.

Cuando la línea del destino atraviesa la de la mente, pero se detiene en la del corazón, nos indica que el sujeto se guía sobre todo por sus sentimientos y que éstos, a veces, pueden ser un freno en su carrera profesional; si se detiene en la línea de la cabeza, nos indicará que tiene gran necesidad de entenderlo todo y encontrar explicaciones racionales.

Línea de la cabeza

C omo ya vimos, la línea de la cabeza revela la cantidad de energía disponible y la dirección de ésta. *Como un hombre piensa, así es su vida*, reza el título del libro de autoayuda más famoso de todos los tiempos, cuyo autor es James Allen.

El pensamiento es una forma de energía que atrae aquello que llamamos destino, y esta línea nos habla de ello.

La línea de la cabeza de la mano derecha no habla tanto de cuán inteligente es el sujeto como de cuánto aprovecha su inteligencia para fines prácticos.

Así, una línea corta, si es profunda, puede sugerir una inteligencia limitada pero al fin y al cabo mucho más rentable que la de una línea larga y débil. Cuando es larga y lisa, no sólo indica inteligencia, sino que el sujeto puede ser alguien capaz de manipular a los demás o de convencerlos con una argumentación impecable.

Si alcanza el monte de la Luna, la inteligencia no estará exenta de sensibilidad e intuición. El sujeto será capaz de tomar decisiones arriesgadas con lucidez y rapidez. A veces le pierde un desarrollado sentido autocrítico o se detiene demasiado en los detalles. En algunos casos puede tratarse de gente obsesiva.

Cuando la línea de la cabeza presenta islas, cruces o cadenas, indica problemas mentales. El sujeto es inseguro, complicado y, por ende, su vida es insegura y complicada. Si mejora al final de la línea, puede mostrar que, con los años, se va corrigiendo. Cuando hay muchas interferen-

cias y cadenas podemos encontrarnos ante alguien bastante atormentado, cuya vida es una lucha constante repleta de dificultades.

Si esta línea es larga, profunda y limpia, pero acaba en pequeñas ramificaciones, podemos hallarnos ante alguien bastante inteligente pero, sobre todo, polifacético y original.

Línea del corazón

Una línea del corazón larga y profunda es indicio de entusiasmo y capacidad de amar; sin embargo, si es recta indica egoísmo y frialdad. Puede tratarse de alguien que utiliza a los demás para su propia satisfacción y que «pasa» de los sentimientos de su pareja. Cuando acaba en ramificaciones, también corresponde a alguien frío y egoísta, pero que puede trascender su egoísmo si está realmente enamorado. Se trata de gente que se hace querer a pesar de sus defectos.

Una línea del corazón larga sugiere generosidad y altruismo, mientras que, si es corta, evoca dureza de sentimientos e incapacidad para expresarlos. Muy ramificada corresponde a alguien con una vida sentimental muy complicada pero rica. Si tiene islas, su vida afectiva pasará por altibajos constantes.

Cuando aparecen cortes en la línea del corazón, nos hallamos ante alguien con peligro de padecer depresión, generalmente por desamor, pero con capacidad para superarla. También pueden indicar el inicio y el final de varias relaciones amorosas.

Pero la línea del corazón se refiere a más cosas que a la salud del corazón o a las relaciones amorosas. También podemos hacer deducciones a partir de ella sobre todo lo que tiene que ver con los sentimientos.

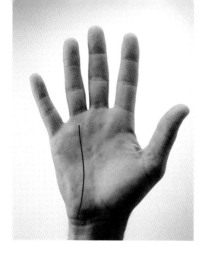

Línea del Sol o de Apolo

sta línea, que se inicia en cualquier lugar de la palma y se dirige al monte de Apolo, se suele relacionar con la buena suerte. No es habitual encontrarla larga, nítida y profunda. Cuando parte de la línea de la cabeza la suerte se sitúa en todo aquello que depende de ésta;  cuando lo hace a partir de la línea del corazón, tiene más que ver con lo afectivo, los amores y las relaciones que con lo racional. En ambos casos es muy probable que, durante la primera mitad de la vida, el sujeto tenga que esforzarse mucho para alcanzar sus objetivos, mientras que, en la segunda, las cosas le serán más fáciles.

A veces, esta línea parte de la línea de la vida y nos indica que hasta un momento dado, indicado por la altura de la línea de la vida en la que nace la del Sol, la persona no ha tenido suerte o ha tenido muchos impedimentos para lograr lo que quería. En general, indica una segunda mitad de la vida mejor que la primera.

Cuando parte del monte de la Luna nos sugiere que el éxito y la suerte tienen más que ver con lo irracional que con el esfuerzo o el trabajo. El sujeto puede ser intuitivo, rápido y extraordinariamente empá-tico. Si, por el contrario,

parte del monte de Venus, el éxito estará relacionado con la familia y podrá triunfar en actividades artísticas e incluso en el mundo del espectáculo.

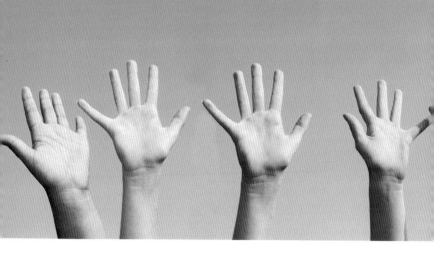

Línea de Mercurio

Como ya vimos, actualmente se considera que esta línea nos arroja información sobre el subconsciente, lo cual no carece de lógica, ya que bordea a la línea de la Luna, planeta que tradicionalmente representa a lo inconsciente. Si además de la imaginación el sujeto tiene desarrollado el sentido del análisis (algo que se verá en la línea de la cabeza) y el sentido común, es fácil que sea alguien intuitivo, capaz de tener «corazonadas» y de prever cuestiones del futuro. Paralela a la línea de Mercurio, los antiguos situaban a la línea de la lascivia, encima del monte de la Luna. De hecho, hay muchos tipos de líneas de Mercurio: todas aquellas que se dirigen al dedo meñique.

Índice